BLANK PAGE

BLANK PAGE

37

BLANK PAGE

39

BLANK PAGE

41

BLANK PAGE

43

45

47

49

BLANK PAGE

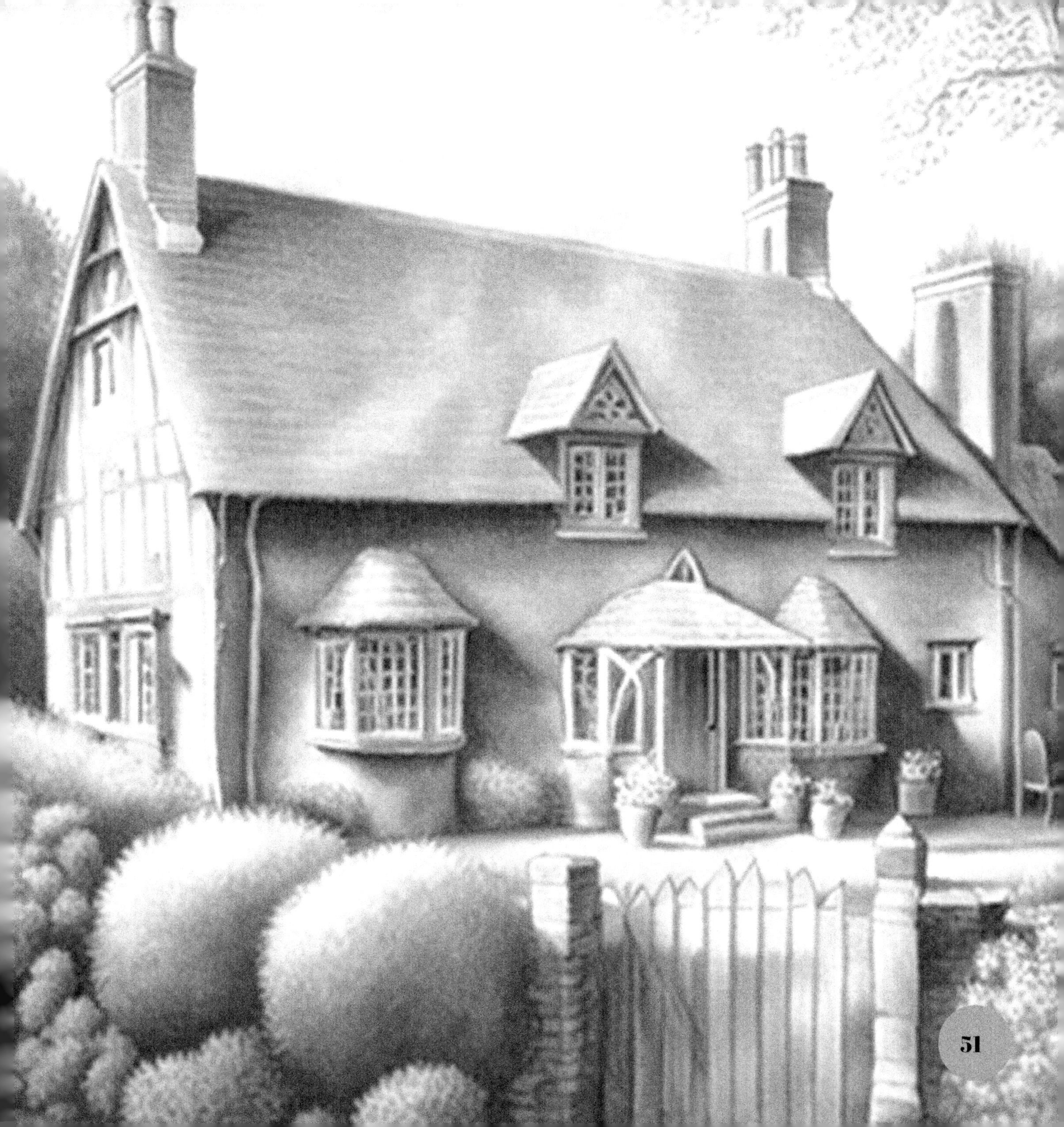

BLANK PAGE

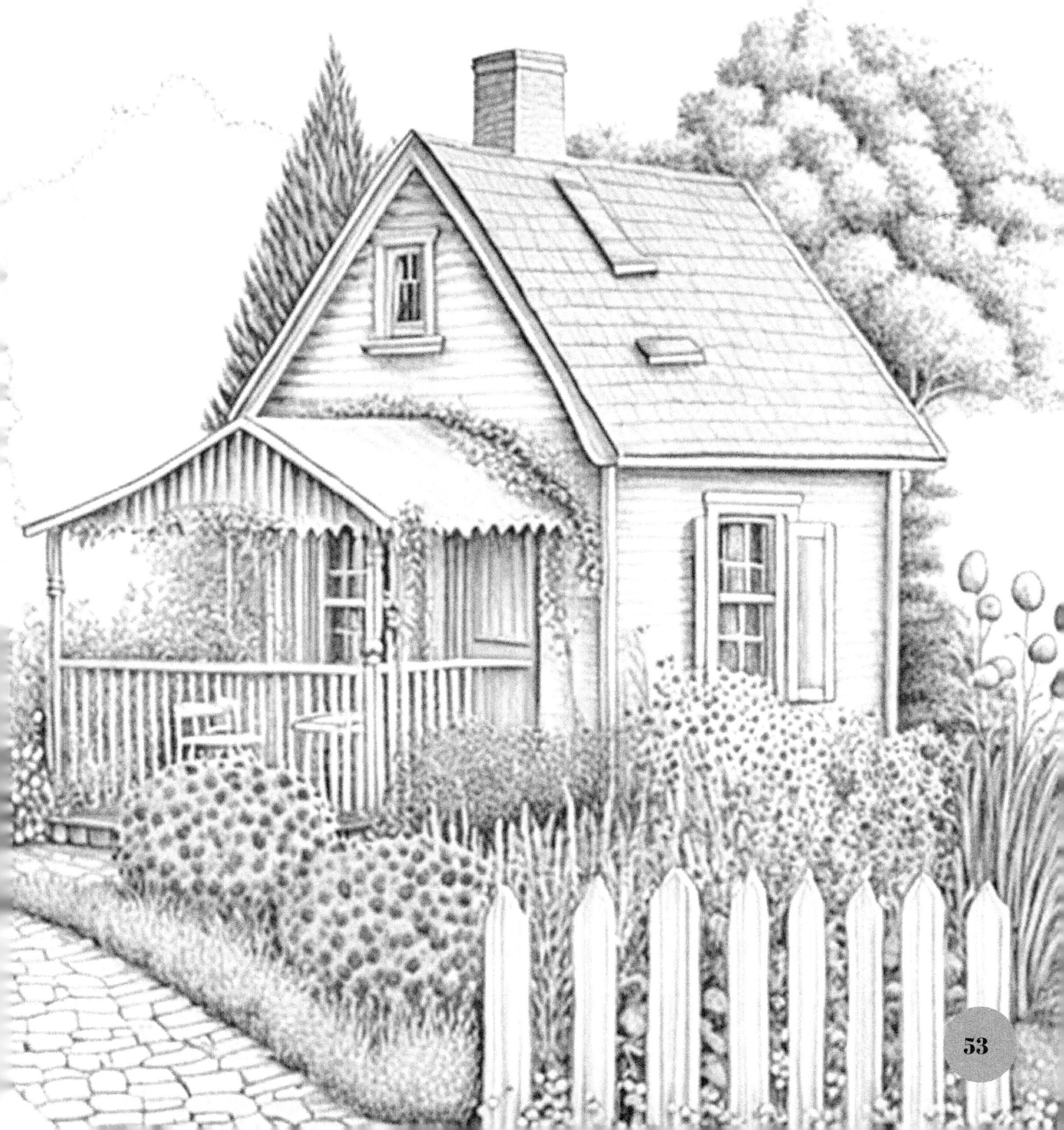

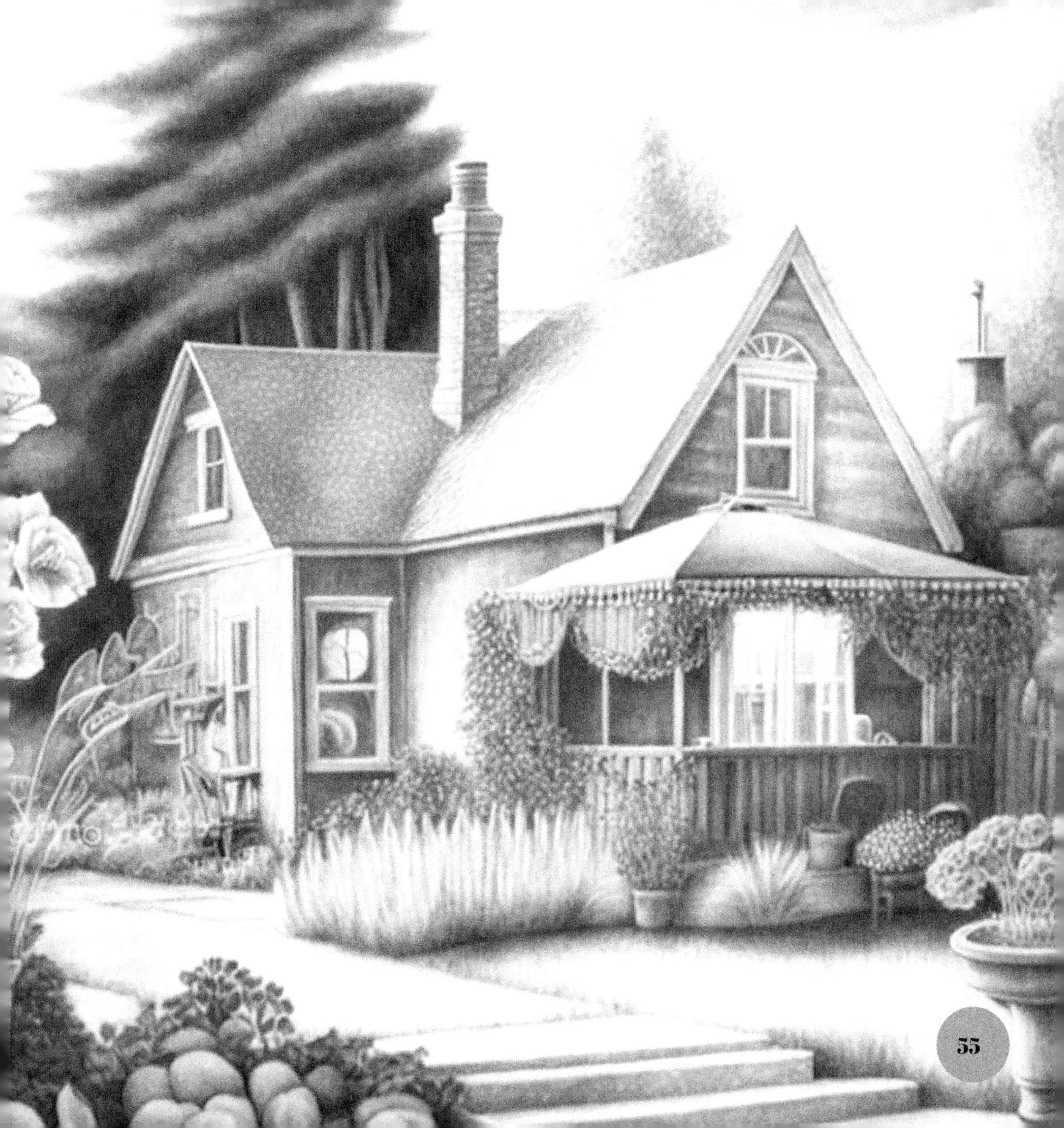

57

BLANK PAGE

59

61

63

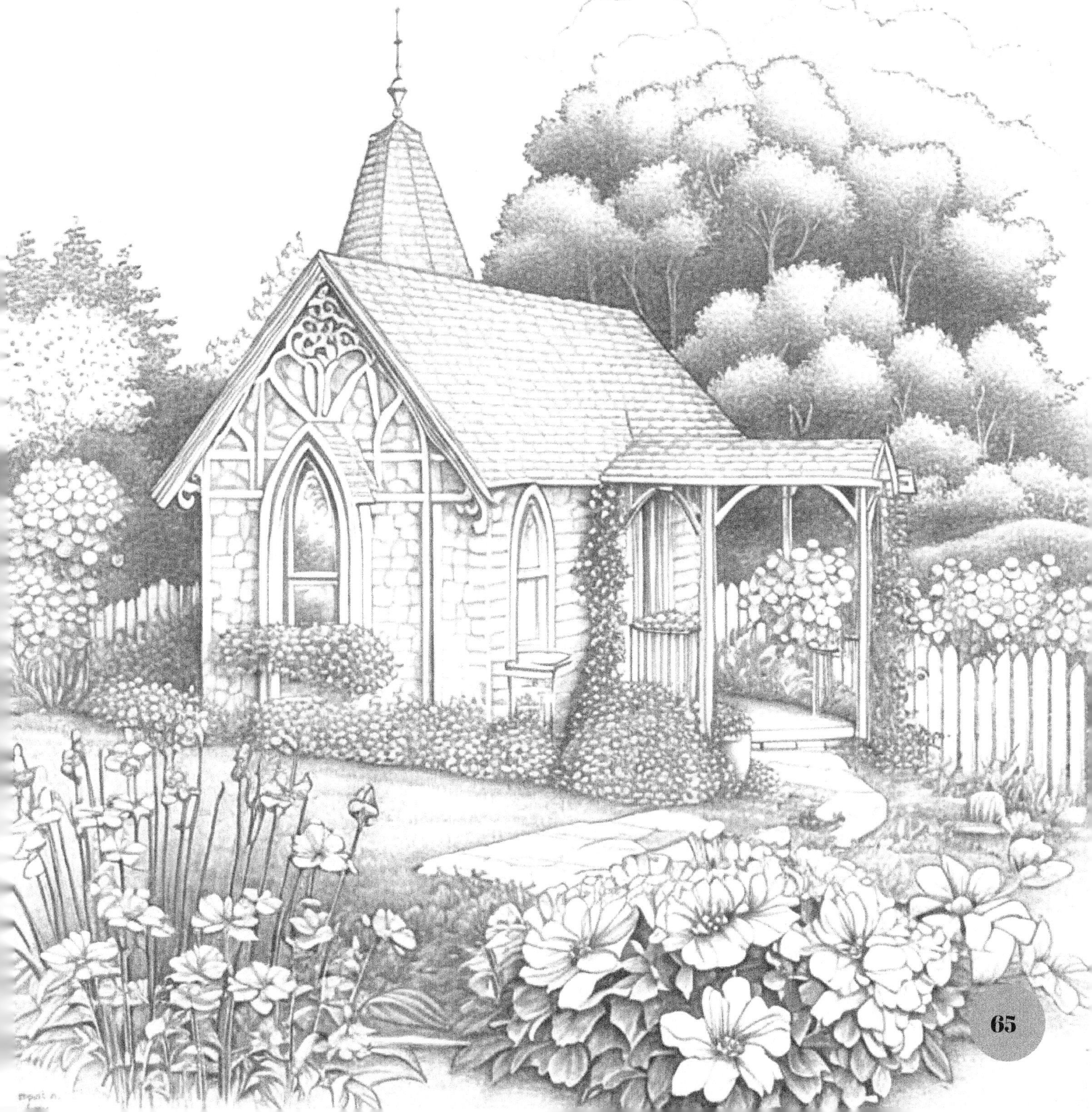

67

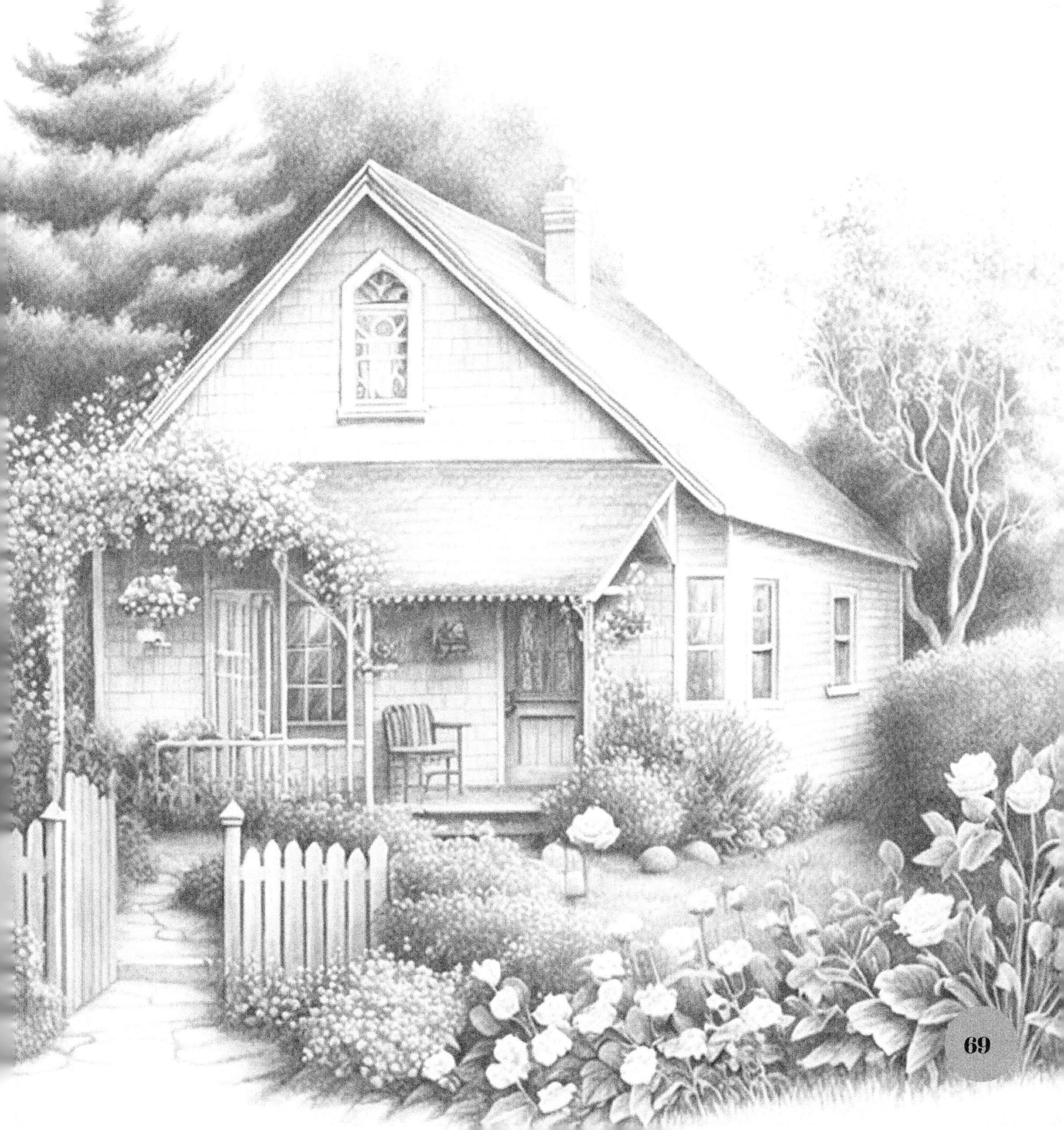

BLANK PAGE

71

BLANK PAGE

73

75

77

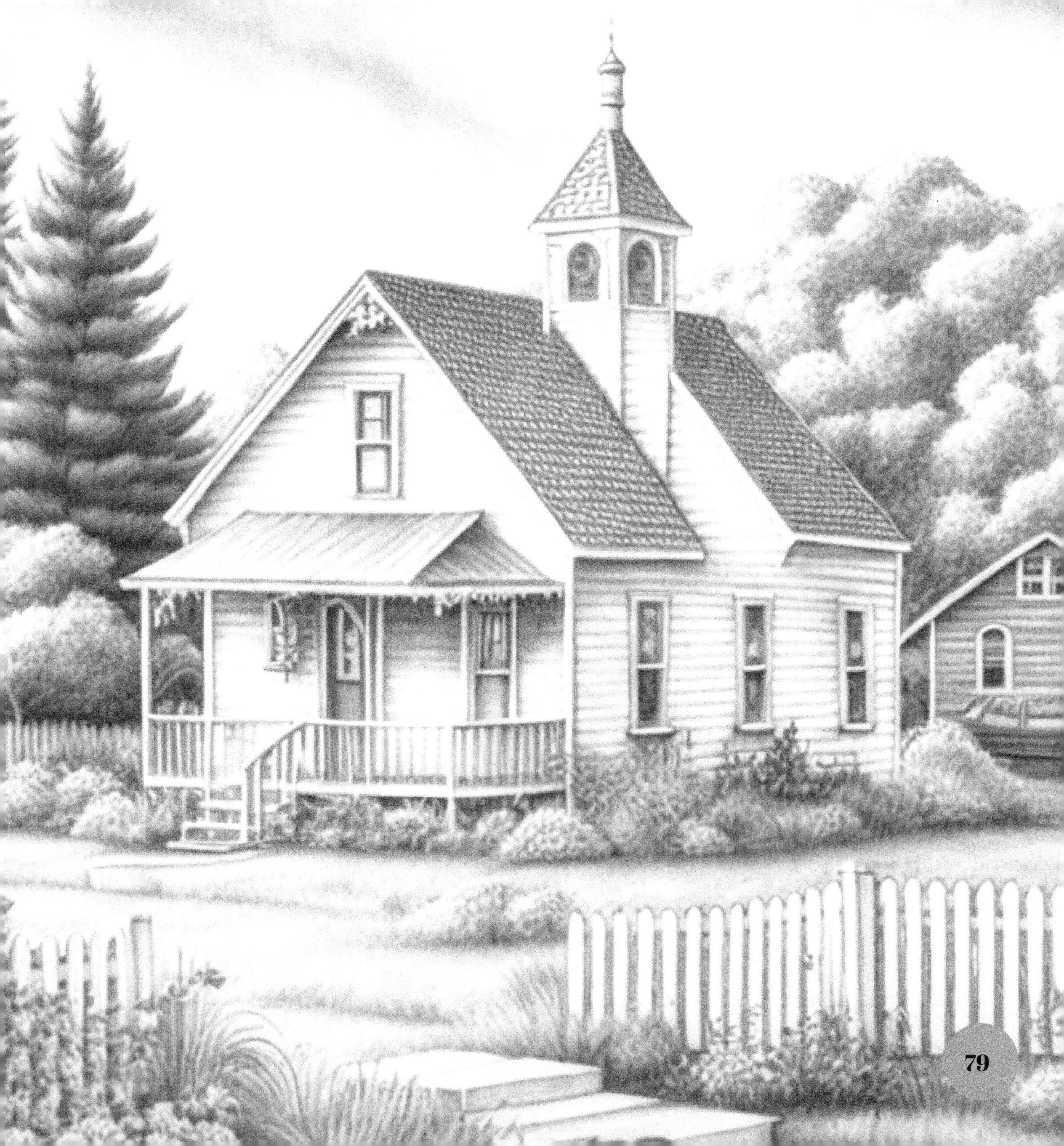

81

83

85

BLANK PAGE

87

89

BLANK PAGE

91

BLANK PAGE

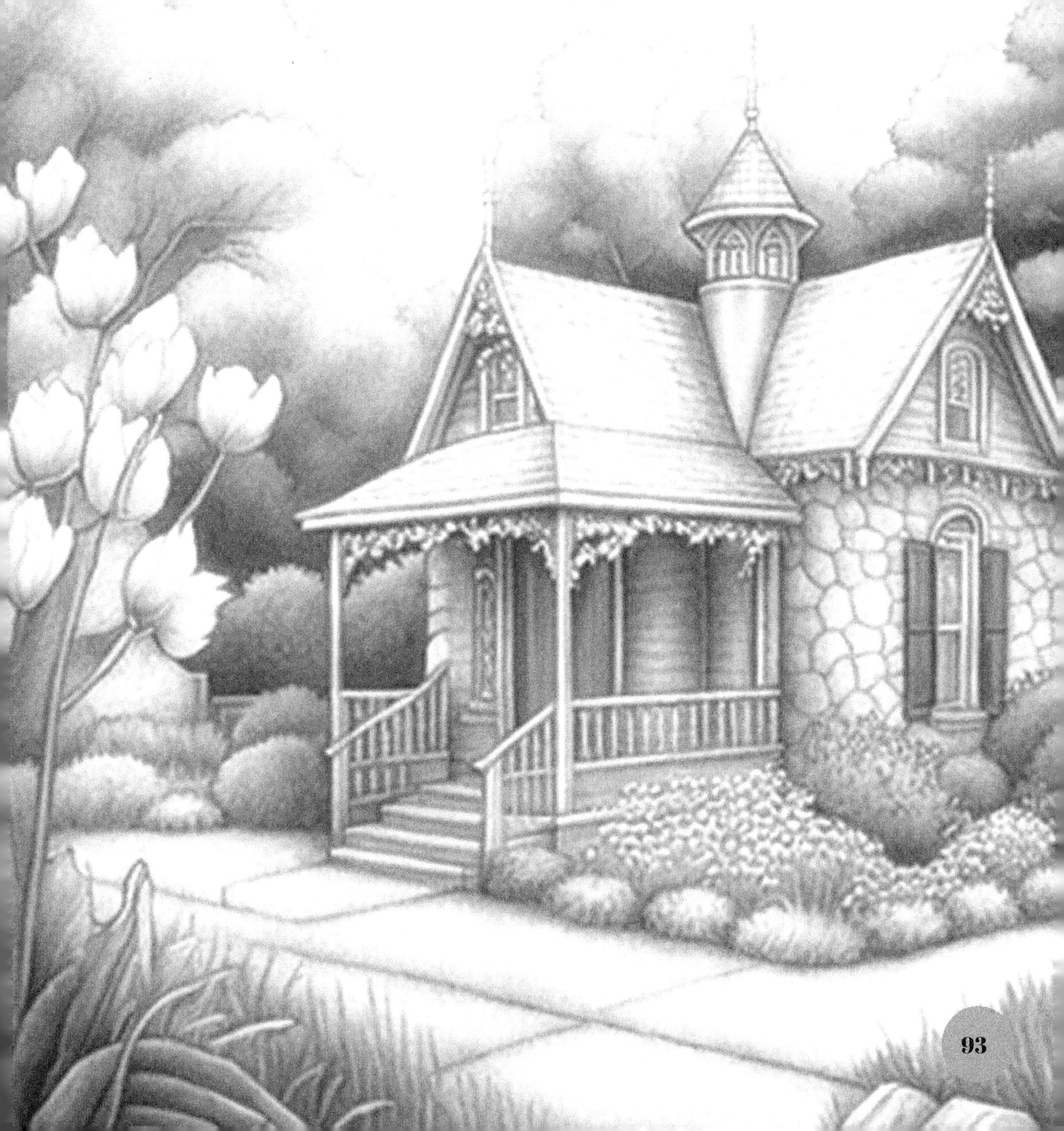

95

97

BLANK PAGE

99

BLANK PAGE

100

Printed in Great Britain
by Amazon